Yang memukau

Translated to Indonesian from the English version of Dazzlers

Elanaaga

Ukiyoto Publishing

Semua hak penerbitan global dimiliki oleh

Penerbitan Ukiyoto

Diterbitkan pada tahun 2025

Hak Cipta Konten © Elanaaga

ISBN 9789367953198

*Hak cipta dilindungi undang-undang.
Tidak ada bagian dari publikasi ini yang boleh direproduksi, dikirimkan, atau disimpan dalam sistem pencarian, dalam bentuk apa pun dengan cara apa pun, elektronik, mekanis, fotokopi, rekaman, atau lainnya, tanpa izin sebelumnya dari penerbit.*

Hak moral penulis telah ditegakkan.

Ini adalah karya fiksi. Nama, karakter, bisnis, tempat, peristiwa, lokasi, dan insiden merupakan hasil imajinasi penulis atau digunakan secara fiktif. Segala kemiripan dengan orang sungguhan, baik yang masih hidup maupun yang sudah meninggal, atau kejadian sebenarnya hanyalah kebetulan belaka.

Buku ini dijual dengan ketentuan bahwa buku ini tidak boleh dipinjamkan, dijual kembali, disewakan atau diedarkan dengan cara lain, tanpa persetujuan penerbit terlebih dahulu, dalam bentuk jilid atau sampul apa pun selain yang digunakan pada saat penerbitan, dengan cara diperdagangkan atau dengan cara lain.

www.ukiyoto.com

Untuk teman dekat saya, Dr. D. Narayana (Dubai).

Isi

Mayat hidup	1
Realisasi	2
Perubahan	3
Kegembiraan yang Berlalu Sesaat	4
Penonjolan diri	5
Wajah Sensitif	6
Kuantitas - Kualitas	7
Kekecewaan	8
Efeknya	9
Manifestasi	10
Nona Keberuntungan	11
Kemustahilan	12
Sikap – Sukses	13
Ujian yang Lebih Besar	14
Sindrom 'Suka Semua'	15
Waktu Mengajarkan	16
Rasa sakit – Kenikmatan	17
Ucapan Selamat yang Berkah	18
Hakiki	19
Tak dapat ditebak	20

Obat yang Tepat	21
Ketidakcocokan	22
Nikmat	23
penyimpangan	24
Isak tangis suci	25
Upaya – Efek	26
Yang Menenangkan	27
Komoditas Inti	28
Ketidakpuasan	29
Upaya – Hasil	30
Penutup Pelindung	31
Persepsi	32
Perbedaan	33
Penyembunyian	34
Kutukan – Anugerah	35
Perbedaan	36
Tempat Tinggal - Perannya	37
Perbedaan	38
Keberuntungan Empat Puluh Kedipan Mata	39
Sang Penghancur Besar	40
Perbedaan Pemikiran	41

Keberuntungan Harmoni	42
Kekuatan Tempat	43
Pengalaman – Konsekuensi	44
Manfaat Menjadi Tua	45
Kecemerlangan – Meremehkan	46
Kilauan Superfisial	47
Keunggulan	48
Kelembaban Apakah	49
Rasa takjub	49
Facebook – Sebuah Daya Tarik yang Nyata	50
Penembak Lurus Palsu	51
Nilai	52
Hype – Kejatuhan	53
Kata-kata – Nilai	54
Puisi – Penyair	55
Puisi Prematur	56
Si Pelit	57
Lingkaran	58
Gangguan	59
Rasa Sakit Karena Berat	60
Tumpukan jerami	61

Zaman Belenggu	62
Kelelahan	63
Pesona Eksternal	64
Perbedaan	65
Kebenaran Baru	66
Cacat	67
Masalah	68
Apatis – Efek Setelahnya	69
Akar Pesona	70
Kilau Luar	71
Tentang Penulis	72

Mayat hidup

Meskipun memiliki mata
  Aku tidak bisa melihat hal-hal yang indah
Meskipun aku punya telinga
  Aku tak bisa mendengarkan nada-nada manis
aku punya hati
  Tapi tidak ada perasaan yang lahir di dalamnya
  Bukankah mayat lebih baik dariku?

Yang memukau

Realisasi

Menjadi kaya raya

Aku mencicipi semua kemewahannya

Tapi menghabiskan hari dengan orang miskin

siapa yang merupakan teladan kebajikan

Saya menyadari bahwa saya adalah orang termiskin

Perubahan

Aku berlari sambil memegang pedang di tanganku
memenggal kepala orang yang sombong
Namun tergerak oleh senyum kasih sayangnya
menawarinya bunga,
jatuh terkapar di depan kakinya
dan kembali.

Kegembiraan yang Berlalu Sesaat

Aku menjadi sombong karena kegembiraan
ketika aku mencapai permukaan tanah
dari jurang yang dalam,
tapi segera sedih saat menyadarinya
Saya harus mendaki gunung.

Penonjolan diri

Mengesampingkan maksudnya
beberapa kata tergesa-gesa secara mencolok
ke depan dalam puisi;
Selalu, pengetahuan seperti itu
harus hadir dalam pikiran penyair.

Wajah Sensitif

Dia bersorak karena dia telah

kulit paling cerah

di seluruh kelas.

Namun ketika seorang anak laki-laki yang lebih cantik bergabung,

wajahnya "menjadi gelap."

Kuantitas - Kualitas

Terompet seorang penyair demikian:
"Saya menulis banyak sekali buku."
Kualitas, bukan kuantitas yang penting,
 dia seharusnya menyadari.

Kekecewaan

Kurangnya kemakmuran adalah sebuah kerikil,
kurangnya kepuasan adalah gunung besar.
Keberuntungan kreativitas adalah matahari;
isi materi kenyamanan,
hanya sekedar cahaya lilin.

Efeknya

Saat dia masih menjadi tukang kebun,

  melati mekar dalam napasnya.

   Namun ketika dia menjadi juru tulis di sebuah klub

  hanya bau mata uang yang menang!

Manifestasi

Duduk di ruangan tertutup,
Saya membuka koran.
Dunia luar
Berbaring telentang di hadapanku.

Nona Keberuntungan

Dia sangat sedih,
    karena dia tidak memiliki tangga
    Saat yang tepat telah tiba, dia mendapatkannya.
    Tapi tidak bisa menggunakannya
    karena dia terbaring di tempat tidur

Kemustahilan

Ketika kepala tumpul bergerak
di dalam mobil Benz baru
semua kepala menoleh ke arahnya
Namun tak ada kepala yang peduli untuk melihatnya
gunung pengetahuan
mengendarai skuter reyot
Ini hanyalah sebuah kejadian biasa

Sikap – Sukses

Musuhku meraung seperti harimau,
melompat seperti singa.
Berani, kataku.
Namun kemudian ketika dia
Menjaga ketenangan yang serius
Aku gemetar karena ketakutan

Ujian yang Lebih Besar

Aku sudah selesai mengikuti ujianku
Sekarang bersiap untuk ujian yang lebih besar
Apa itu?
Menunggu hasilnya
Dari ujian!

Sindrom 'Suka Semua'

Aku Bingung

ketika saya melihat banyaknya 'suka' di Facebook

Tidak ada yang tidak disukai!

Bukankah ini suatu teka-teki yang tidak dapat dipecahkan?

Waktu Mengajarkan

Sampai tanggung jawab membuatku takut
Saya tidak menyadari nilai masa kecil
Sampai aku tersesat di hutan lebat
Aku tidak menyadari nikmatnya halaman belakang rumah

Hanya ketika api membakar
Nilai salju mungkin diketahui

Rasa sakit – Kenikmatan

Aku merasa jijik;
　Kemenangan demi kemenangan menimpaku.
　Aku tertekan
　Karena kekalahan telah menghindar dariku

　Mungkin kesengsaraan
　lebih baik dari pada kenikmatan yang menyakitkan

Ucapan Selamat yang Berkah

Gurun itu
berani bermimpi awan tebal
pantas mendapatkan ucapan selamat dengan
karangan bunga tetesan hujan

Hakiki

Kepribadian menentukan orang

Seseorang yang memuja belati
tidak menyukai belas kasihan
Yang lain yang memelihara kelinci
membenci kekejaman

Yang memukau

Tak dapat ditebak

Ketika bulan bersembunyi di balik awan
kita bisa mengetahuinya
Tapi terkadang tidak bisa menduga
apa yang ada di balik kata-kata seseorang

Obat yang Tepat

Akhir-akhir ini, seluruh dunia
tampak hitam bagiku
Orang-orang, lingkungan sekitar - semuanya
di sekelilingku gelap

Aku banyak merenung
dan memilih pengobatan yang tepat:
Bersihkan kotorannya
terakumulasi di dalam diriku

Ketidakcocokan

Hatinya lembut seperti mentega
tapi tajam seperti pisau
Pisau tidak bisa melunak
Ia juga tidak bisa menjelma menjadi mentega
Hasilnya, sayangnya, adalah -
Dia berjuang melawan dirinya sendiri setiap hari

Nikmat

Lagu itu adalah sungai Gangga
Raga adalah rakit
Catatan adalah anugerah
Dan perjalanan itu menyenangkan

penyimpangan

Ketika aku menjalani kehidupan sebagai orang miskin

Saya hanya menginginkan makanan, tidak lebih.

Sekarang, aku punya cukup makanan

dan lihatlah, hatiku mendambakan sebuah sepeda!

Isak tangis suci

Setiap kali aku membaca puisi yang agung, aku menangis

Setiap kali aku mendengarkan musik yang bagus, aku menangis

Setiap kali saya menemukan manusia yang dipersonifikasikan,

Aku merengek

Setelah sekian banyak ratapan
betapa sucinya hatiku!

Upaya – Efek

Di mana senjata dikubur
di sana tumbuh pohon peluru.
Taburkan benih cinta
di ladang hatimu, sahabatku.
Kasih sayang tumbuh berlimpah

Yang Menenangkan

Dia mengoceh seperti banteng yang marah
di jalan-jalan kota.
Saat sampai di rumah
anak-anak disambut dengan hangat
Seketika, hatinya yang keras menjadi dingin
mencair seperti es!

Komoditas Inti

Kata-kata hanyalah selubung luar
 dalam puisi
Benar, kita harus berjuang demi mereka.
Tapi tidak ada yang lebih penting dari
bahan inti

Tak ada puisi yang dapat tumbuh
di hati yang kering

Ketidakpuasan

Membuat bahasa menjadi benang

Aku merangkai kata-kata, membuat karangan bunga puisi

Mereka menjadi garis-garis harum

Namun kata-kata tidak cocok

menjadi kalimat mendesis

dan melompat untuk menggigitku

Upaya – Hasil

Catatan manis disekresikan
hanya ketika bambu terluka
Biji mengeluarkan minyak
hanya saat dipukul

Kerja keras yang melelahkan
diperlukan untuk hasil yang baik

Penutup Pelindung

Jika Anda memujinya
 dia hanya tersenyum
Jika Anda mengkritiknya
 dia hanya tersenyum
Jika kamu memarahinya
 dia hanya tersenyum
Jika kamu mengalahkannya
 dia hanya tersenyum

Senyuman telah menjadi korset yang kuat
yang telah melindungi dirinya sendiri
dari karangan bunga dan batu bata

Persepsi

Raga manis tidak bisa berasal dari
seruling terbuat dari emas
Kelopak mawar tidak bisa berguna
untuk memasak kari apa pun

Nilai moneter
persepsi manusia

Perbedaan

Ini adalah dunia yang penuh dengan kesenjangan

Di sini, ikan besar menelan ikan kecil

itu sendiri dimakan oleh yang lebih besar lagi

Dengan cara yang sama, seorang pria tinggi

dikalahkan oleh yang lebih tinggi

Setiap orang harus berusaha,

maju selangkah demi selangkah secara bertahap

dan mencoba menyentuh langit

Penyembunyian

Lautan terlihat tenang
mungkin saja gunung berapi itu tersembunyi;
Beberapa orang tampak tidak terganggu
bom meledak di dalam

Tidak ada pengukur di sana
yang bisa mengukur
kehancuran internal

Kutukan – Anugerah

Jika hidup harus bergantung
 tentang upah, itu adalah sebuah tragedi
 Penguatan melalui kasih sayang
 bukan karena kemakmuran
 adalah kemakmuran yang sebenarnya

Perbedaan

Hati melangkah di jalan setapak
saat otak bergerak di atas awan

Yang satu hebat
Yang lainnya bagus

Tempat Tinggal - Perannya

Tinggal di rumah sendiri dalam waktu lama
seseorang merasa seperti pergi ke rumah pertanian
Namun, tidak dapat melanjutkannya di sana
ingin mencapai rumah

Puisi, bagiku, adalah rumahnya sendiri
sementara penerjemahan adalah rumah pertanian

Tapi, akhir-akhir ini
mereka telah bertukar peran

Perbedaan

Seekor burung yang terbang di jalan layang
tidaklah bagus
 karena ia memiliki sayap
 Layang-layang yang mengambang di cakrawala
 juga tidak bagus
 karena ada tali yang terpasang
 Sebuah petasan ditembakkan ke welkin
 tidak menakjubkan juga
 karena ada bubuk mesiu di dalamnya
 Sebuah pesawat terbang tinggi di atas
 bukan juga sebuah keajaiban
 karena hal itu dilakukan dengan kekuatan
bahan bakar

 Tapi imajinasi seorang penyair
 menyentuh langit memang hebat
 Karena tanpa bantuan itu
 dalam mencapai prestasi tersebut

Keberuntungan Empat Puluh Kedipan Mata

Mencoba tidur di kasur yang empuk
di ruangan ber-AC, saya tidak berhasil.

Kecemburuan adalah apa yang tersisa padaku
ketika aku melihat orang miskin
tidur seperti batang kayu di tanah keras

Sang Penghancur Besar

Tidak ada yang lebih merusak daripada lidah.

Sebuah kalimat tunggal

dapat menimbulkan malapetaka di hati banyak orang

Satu ucapan saja sudah cukup

menyebabkan kekacauan

Perbedaan Pemikiran

Ketika saya melihat India yang masuk ke Amerika
Saya sangat senang
Namun saat melihat Amerika
yang menyusup ke India
Aku merasa melankolis

Yang satu adalah tanda keberanian kita
sementara yang lainnya
menghancurkan budaya kita

Keberuntungan Harmoni

Meremehkan kata benda
kata sifat membanggakan:
"Kemajuanmu hanya terletak pada diriku"
Kata benda itu masuk ke dalam tanah
tidak kembali selama bertahun-tahun
Kata sifat duduk dengan cemberut
dan merenungkan:
"Hanya dengan kata benda aku mendapatkan kemuliaan
Hanya dengan kata benda, aku punya integritas"

Kekuatan Tempat

Delapan sandi berdiri berjajar
di sebelah kiri angka satu
Yang terakhir mengejek angka nol:
"Hanya di dalam diriku terletak keberadaanmu.
Tanpa aku, nilai dirimu tidak ada artinya"
Para sandi berdiskusi
dan bermigrasi ke kanan dari kiri
Sekarang,
digit satu tidak ada yang tersisa
kecuali menjadi berwajah panjang

Pengalaman – Konsekuensi

Sebuah artikel dikirim ke sebuah majalah
untuk penilaian dan publikasi
Majalah itu tidak mencetaknya
ditunda untuk waktu yang lama
Jika artikel tersebut tetap berada di tangan pembuatnya
itu akan mendapat perhatian setiap hari
Terlantar lama tanpa perawatan
itu kembali setelah beberapa bulan
Penciptanya menyesalkan
Menghadirinya setiap hari
Artikelnya mulai bersinar dengan cemerlang
tapi menolak untuk pergi ke majalah baru

Manfaat Menjadi Tua

Saya, yang tidak bisa lulus tes kata sandi
memimpikan masa lalu tanpa kata sandi

Di jaman dulu kala
banyak yang lulus, sedikit yang gagal

Kecemerlangan – Meremehkan

Sampul buku tebal
selalu berbicara meremehkan
tentang halaman dalam
Namun, halaman dalam mungkin berisi
materi yang mendalam
Sampul buku berkilauan
adalah kilauan permukaan perada

Kilauan Superfisial

Sebuah mahkota menertawakan sepatu dengan nada mengejek

Tapi, mahkota tidak banyak berguna di dunia nyata

Sepatu sangat berguna, bukan?

Keunggulan

Memang benar itu

bus itu lebih cepat dari pejalan kaki

kereta api daripada bus, lebih jelas daripada kereta api

dan pesawat ruang angkasa daripada pesawat terbang.

Tapi, itu hanya pejalan kaki

siapa yang bisa bergerak tanpa

kebutuhan bahan bakar segera

Kelembaban Apakah Rasa takjub

Puisi yang mendalam tidak dapat lahir
tanpa gerimis di hati
Dada yang panas takkan bisa basah
dengan kata-kata yang tidak lembab

Facebook – Sebuah Daya Tarik yang Nyata

Pernah tergigit oleh bug Facebook,

Otak Anda akan mulai sakit.

Tidak akan ada istirahat yang didapat bahkan untuk satu hari,

kedamaian otak akan selalu tertahan.

Penembak Lurus Palsu

Beberapa orang dengan marah mengatakannya

Marah itu memang buruk!

Kasihan mereka, mereka buta

Namun sayang, itu menyedihkan.

Yang memukau

Nilai

    Beberapa orang adalah orang yang tidak punya apa-apa dan tidak bisa

        masuk (investasikan ribuan rupee) di

                bisnis.

    Beberapa orang lain mungkin menginvestasikan ribuan dolar

        tapi tidak bisa mendapatkan kembali bahkan ratusan

Hype – Kejatuhan

Aku menganggap diriku sebagai penyair hebat,
 membuat orang lain mengatakan hal yang sama.

 Empat puluh tahun kemudian,
 namaku menghilang dan terlupakan;
 milik orang lain yang menulis
 lebih baik tapi tetap tenang
 bersinar terang.

Kata-kata – Nilai

Aku menyaring semangkuk kata-kata,
mengambil segenggam dari mereka
untuk menulis puisi.
Puisinya bagus sekali
Aku tidak membuangnya
kata-kata yang tersisa.
Mereka cocok dalam sebuah puisi
yang saya tulis keesokan harinya!

Tidak ada kata yang bisa dibuang
selamanya, mungkin!

Puisi – Penyair

Puisi adalah sebuah karangan bunga
dari refleksi yang menawan
Seorang penyair mengobarkan perang
melawan ide-ide yang tidak menyenangkan
Dia, dengan demikian,
melambangkan keindahan
pada semua kesempatan

Puisi Prematur

Pikiran puitis harus terus tumbuh
sebagai janin dalam rahim pena.
Hanya ketika sudah dewasa sepenuhnya
itu harus lahir.
Bayi yang lahir sebelum cukup bulan
prematur dan seringkali lemah

Si Pelit

Aku paling suka penyair kikir itu;
aku juga agak cemburu.

Dia mendapat lebih banyak keuntungan dengan menghabiskan lebih sedikit

Sementara saya menghabiskan lebih banyak dan mendapatkan lebih sedikit

Mengapa kita harus mengeluarkan lebih banyak uang?

Kata-katanya, maksudku.

Lingkaran

Melihat dua minggu
dari cahaya dan kegelapan,
kita harus menekan
kehidupan yang berliku-liku di hati.
Salju di Himalaya
terakumulasi di musim dingin
dan mencair di musim panas

Gangguan

Menyerang tembok,
seorang politikus garis keras
mengusir seekor kucing.
Kucing itu merasa malu

Rasa Sakit Karena Berat

Sulit untuk menggambarkan rasa sakitnya
    Dari awan yang tidak menurunkan hujan.
    Mereka yang kehujanan beruntung;
    Mengurangi beban orang lain
    Tidak semudah yang kita bayangkan.

Tumpukan jerami

Aku lelah
Dengan mencari jarum
Di tumpukan jerami ini.

Gambar-gambar yang menakutkan dan menjijikkan,
Potongan pendek dari untaian kalimat yang menyerupai kalimat satu baris,
Kelapa kering tanpa air di dalamnya –
Semuanya terkumpul di tumpukan jerami ini
Membuat pencarian menjadi sulit

Namun, saya tidak merasa ingin berhenti.
Harapan samar bahwa jarumnya
Mungkin dapat ditemukan berkeliaran di sekitar!

***

Zaman Belenggu

Tangan tak terlihat yang mengikat
naluri batin dengan tambatan
sangat menggelisahkan pikiran.

Belenggu pemilihan subjek bagi penyair,
belenggu keimanan bagi para pemikir yang bersemangat,
mereka yang fanatik terhadap laki-laki dewasa…

Aku harus mematahkan belenggu ku

Kapankah saat-saat baik akan tiba?
Kapankah orang akan terbebas dari belenggu?

***

Kelelahan

Aku, sedang melakukan perjalanan di bawah terik matahari

di suatu sore di luar kota…

Ada pohon tuak yang tinggi di sana,

tetapi seberapa banyak naungan yang dapat mereka tawarkan?

Saat aku terengah-engah, mengeluarkan keringat,

sebatang pohon mangga kecil mengundangku dengan penuh kasih sayang.

Selalu ada penghibur di dunia ini

Beristirahat di tempat yang teduh,
Saya memandangi pohon tuak.

***

Pesona Eksternal

Dengan dinding batu di sekelilingnya,
sebuah sumur menarik perhatian para penonton.

Lantai semen halus, tanaman cantik menghiasi sekelilingnya.
Katrolnya yang anggun menyebabkan ekstasi

Orang-orang datang berbondong-bondong untuk melihat sumur yang terkenal.

Namun sumur itu sudah kering sejak lama!

***

Perbedaan

Orang yang berbeda memiliki
Tolok ukur yang berbeda.
Bahkan patokan satu orang saja
mungkin berubah seiring waktu.
Membongkar misteri
tolok ukur merupakan tantangan besar.

Kebenaran Baru

Menangkap tikus
menggali bukit bukanlah suatu kebodohan
ketika tikus tertangkap
luar biasa, meski kecil.

Cacat

Saya menggunakan kata-kata yang sebagian sudah diketahui

Dalam puisi saya.

Saya tidak mengetahui sifat mereka sepenuhnya.

Karena itu,

Puisi itu tidak memiliki perasaan

Masalah

Diskriminasi adalah ular,
kebijaksanaan seekor katak.
Katak itu marah
jika ular diminta menggigit.
Ular itu marah sekali
jika diminta menyerah!

***

Apatis – Efek Setelahnya

Sikap acuh tak acuh dari Dhritarashtra
Di depan Draupadi yang meratap
Adalah benih kebakaran hutan,
Yang akan membakar Kauravas.

Akar Pesona

Keanehan tidak hilang
jika cermin itu dibuang.
Kecantikan tak tumbuh
di tanah tanpa benih keindahan
bahkan jika disiram.

Kilau Luar

Duduk di atas kepala,
 tiara melihat gelang kaki
 dan terkikik.
Merasa malu, yang terakhir keluar
memancarkan nada musik yang indah.

Mahkota itu menari secara iblis,
 menghargai penghinaan dari gelang kaki.
 Tapi tidak ada musik atau keindahan
 ada dalam keadaan berjingkrak-jingkrak.

***

Tentang Penulis

Elanaaga

Elanaaga adalah nama pena. Nama sebenarnya penulis adalah Dr Surendra Nagaraju. Dia adalah seorang dokter anak, tetapi sekarang menggeluti sepenuhnya bidang penulisan kreatif, penerjemahan, kritik, dan lain-lain. Dia telah menulis 33 buku sejauh ini. Lima belas di antaranya merupakan tulisan asli (terutama dalam bahasa Telugu), sementara 18 merupakan terjemahan. Dari yang terakhir, 8 berasal dari bahasa Inggris ke Telugu dan 10 sebaliknya. Selain puisi dan terjemahan, ia menulis buku tentang tata bahasa, musik klasik, dan lain-lain. Ia menyajikan cerita-cerita Amerika Latin, cerita-cerita Afrika, cerita-cerita Somerset Maugham, cerita-cerita dunia, dan seterusnya.

www.ingramcontent.com/pod-product-compliance
Lightning Source LLC
LaVergne TN
LVHW041542070526
838199LV00046B/1799